Collection dirigée par Alain Bentolila et

Martine Descouens
Institutrice

Jea
Directeur d'école d'application

CAHIER D'EXERCICES 1
Cycle des apprentissages fondamentaux 2e année
CP

Illustré par Mérel

NATHAN

Le papier de cet ouvrage est composé de fibres naturelles, renouvelables, fabriquées à partir de bois provenant de forêts gérées de manière responsable.

Conception et réalisation : Elisabeth Maréchal
Couverture : Les Devenirs Visuels
Calligraphie : Nicole Vilette
Illustrations : Merel
Edition : Sylvie Cuchin

"Le photocopillage, c'est l'usage abusif et collectif de la photocopie sans autorisation des auteurs et des éditeurs.
Largement répandu dans les établissements d'enseignement, le photocopillage menace l'avenir du livre, car il met en danger son équilibre économique. Il prive les auteurs d'une juste rémunération.
En, dehors de l'usage privé du copiste, toute reproduction totale ou partielle de cet ouvrage est interdite".

© Éditions Nathan, 25, Av Pierre de Coubertin - 75013 Paris, 1992. pour la première édition.
© Éditions Nathan / VUEF - 2002.
© Éditions Nathan, 2017 pour la présente édition.
ISBN 978-2-09-120269-3

AVANT-PROPOS

Ces cahiers d'exercices sont un des éléments de la méthode Gafi le fantôme. Ils ont été conçus **afin de donner à tous les élèves le maximum d'atouts pour réussir** leur apprentissage de la lecture. Pour ce faire, ils proposent des parcours d'entraînement qui s'organisent selon deux **démarches complémentaires** :

• développer la capacité à *identifier les indices* que contient un texte : les lettres qui composent les mots et dont la combinaison doit être maîtrisée ; les mots qui composent les phrases et dont l'organisation est essentielle pour construire le sens.

• mobiliser l'ensemble des connaissances que possède l'enfant et qui lui permettent de *raisonner* sur la plus ou moins grande prévisibilité de tel ou tel mot, de telle ou telle construction de sens, en somme, de *faire des hypothèses* et de développer face à l'écrit un comportement actif de recherche.

Pourquoi ces deux démarches sont-elles complémentaires ?

• Si l'enfant ne sait pas identifier très précisément les indices donnés par le texte, il ne pourra, en aucune façon, contrôler les hypothèses qu'il formulera : il risque alors de deviner plutôt que de lire.

• Si l'enfant ne s'appuie pas sur ses connaissances de la langue et du monde, il restera extérieur à un texte dont il ne s'appropriera pas le sens.

Les parcours d'entraînement, qui sont proposés systématiquement sur une double page, sont structurés de la façon suivante :

• la page de gauche favorise l'entraînement à la prise d'indices visuels et auditifs : discrimination de lettres et de sons, reconnaissance de combinaisons, maîtrise de la combinatoire, mémorisation de mots…

• la page de droite privilégie les stratégies de résolution de problèmes en proposant de prendre en compte le contexte, de formuler des hypothèses de sens et d'anticiper.

Lors de l'apprentissage de la lecture, chaque enfant va, à des moments différents, s'appuyer sur tel ou tel type de stratégie de découverte.

En outre, des séquences d'activités autour de l'écrit, explicitées dans le guide pédagogique invitent l'enfant à un passionnant parcours-promenade sur les sentiers de l'écriture.

Il nous parait donc essentiel de ne rien négliger afin que soient donnés à l'élève tous les outils qui, par leur complémentarité, l'amèneront à la conquête de l'écrit.

Les auteurs

◆ Dis le nom de chaque dessin en suivant le sens de la flèche.
Arrête-toi chaque fois que tu vois un fantôme.

séquence 1 — la

1 Colorie les cases des dessins si tu entends **la**.

2 Entoure le mot qui va avec le dessin.

tralala
c'est
Gafi

3 Entoure quand tu vois **la**.

la   le   la   le   ba   la   le   la   da   les   ta   la

4 Relie les mêmes mots écrits de façon différente.

tralala   tralala
Gafi   Gafi
moi   moi
c'est   c'est

Colorie les cases si tu peux dire **la**.

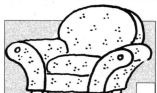

 Colorie de la même couleur les deux phrases semblables.

| Tralala, c'est Gafi. |
| Tralala, c'est moi. |
| Tralala, c'est moi. |
| Tralala, c'est Gafi. |

 Entoure la phrase qui va avec le dessin.

C'est Gafi.

C'est moi.

C'est tralala.

Recopie cette phrase.

_____

séquence 2

1 Colorie les cases des dessins si tu entends **la**.

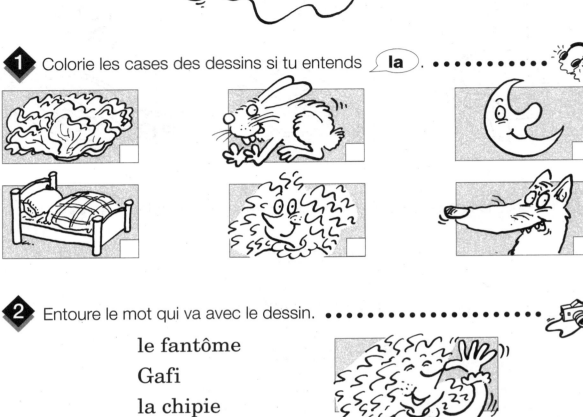

2 Entoure le mot qui va avec le dessin.

le fantôme
Gafi
la chipie

3 Entoure quand tu vois **le**.

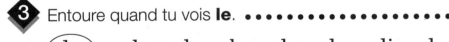

(le)   la   le   be   le   la   li   le   de   le   la

4 Relie les mêmes mots écrits de façon différente.

le fantôme   la chipie
la chipie   le fantôme
Gafi   Gafi
Mélanie   c'est
c'est   Mélanie

5 Colorie les cases si tu peux dire **le**.

6 Colorie de la même couleur les deux phrases semblables.

Mélanie, c'est la chipie.

Gafi, c'est le fantôme.

Mélanie, c'est la chipie.

Gafi, c'est le fantôme.

7 Entoure la phrase qui va avec le dessin.

Là, c'est Mélanie.
La, c'est le fantôme.
La, c'est Gafi.

Recopie cette phrase.

_____
_____

séquence 3

1 Colorie les cases des dessins si tu entends **a**.

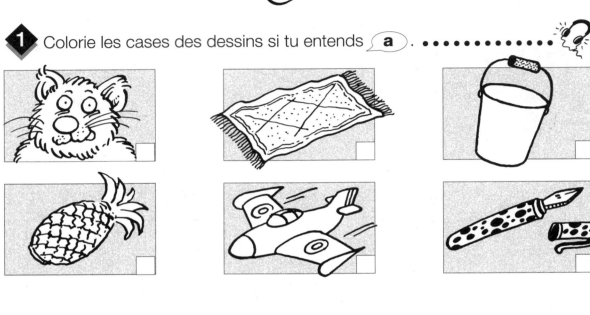

2 Entoure le mot qui va avec le dessin.

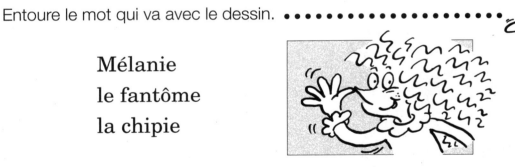

Mélanie
le fantôme
la chipie

3 Entoure tous les **a**.

a   A   a   e   ʊ   A   a   a   a   e   o

4 Entoure tous les **a** qui sont dans les mots.

tralala   chat   chipie   avion   fantôme   balle

5 Colorie l'étiquette : en **bleu** si tu peux dire **la** ;
en **rouge** si tu peux dire **le**.

Écris **la** ou **le**.

===== chipie   ===== fantôme   ===== chat

===== lampe   ===== cheval   ===== livre

6 Colorie pour marier.

Mélanie a vu un fantôme.

Le fantôme a vu une chipie.

Mélanie a vu un fantôme.

Le fantôme a vu une chipie.

7 Entoure la phrase qui va avec le dessin.

Mélanie, c'est une chipie.
Gafi, c'est un fantôme.
Une chipie, c'est une chipie.

séquence 4

1 Colorie les cases des dessins si tu entends *li*.

2 Entoure le ou les mots qui vont avec le dessin.

le chat
le lit
Pacha
le livre

3 Entoure comme le modèle.

| li | li | le | la | li | li | bi | li | le | la |
| il | il | le | al | il | li | il | al | li | le |

4 Entoure **li** dans les mots.

lit   crocodile   livre   Ali   Mélanie   lilas   colis

Colorie les cases : en **bleu** si tu peux dire **une** ;
en **rouge** si tu peux dire **un**. • • • • • • • • • • • • • • • • •

  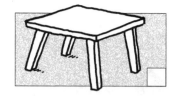

 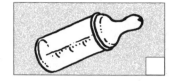 

 Colorie pour marier. •

Pacha le chat est dans le lit.

Mélanie lit un livre à Gafi.

Mélanie lit un livre à Gafi.

Pacha le chat est dans le lit.

 Entoure la phrase qui va avec le dessin. • • • • • • • • • • • • • • • • • • •

Mélanie est dans le lit.
Mélanie est dans la lune.
Mélanie est dans le livre.

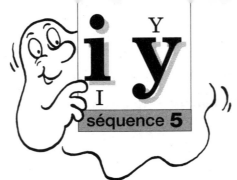

séquence 5

1 Colorie les cases des dessins si tu entends **i**.

2 Entoure les **i** et les **y**.

i   Y   a   i   I   L   y   i   I   u   i

3 Entoure les **i** dans les mots.

aussi   ami   Mélanie   lilas   lit   Pacha   livre

4 Entoure le mot semblable au mot étiquette.

Mélanie	ami	aussi	l'école
Mélina	ami	assis	l'école
Mélanie	amie	aussi	la colle
Mélaine	mai	assez	le col
Ménie	aime	aussi	l'écolier

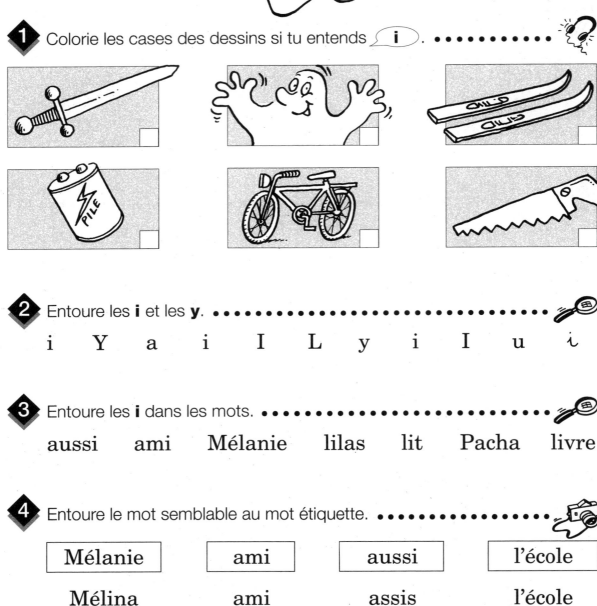

14

5 Colorie l'étiquette : en **bleu** si tu peux dire **une** ;
en **rouge** si tu peux dire **un**.

Écris **un** ou **une**.

===== livre   ===== lit   ===== école

===== chat   ===== ami   ===== île

6 Colorie pour marier.

Mélanie est à l'école.

Son ami va aussi à l'école.

Mélanie est à l'école.

Son ami va aussi à l'école.

7 Complète les phrases avec les mots : *lit - école*.
Entoure la phrase qui va avec le dessin.

Mélanie est dans son =====.

Mélanie est dans son =====.

15

séquence 6

1 Colorie les cases des dessins si tu entends (l).

2 Entoure tous les **l**.

l   b   b   l   l   L   I   l   l   h   l   a   l   L

3 Entoure tous les **l** dans les mots.

pull   Pascale   sali   laver   machine   elle   la   chat

4 Entoure le mot semblable au mot étiquette.

pull	Pascale	col	laver
pile	Pascal	colle	laver
pull	Patrick	col	lavé
poule	Pacha	clos	laverie
bulle	Pascale	lac	livre

16

5 Relie.

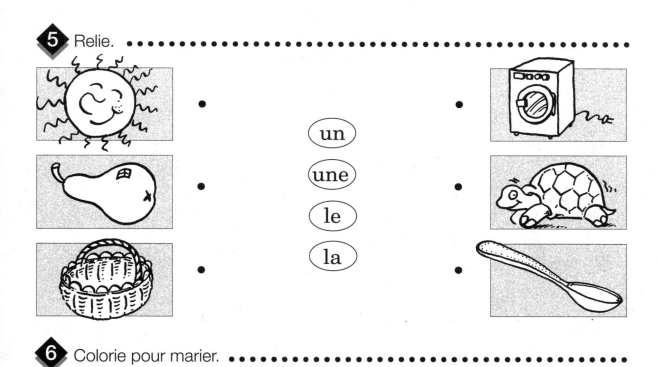

6 Colorie pour marier.

Pascale la géniale lave son pull.

Pascale la géniale lave Gafi dans la machine.

Pascale la géniale lave son pull.

Pascale la géniale lave Gafi dans la machine.

7 Complète les phrases avec les mots : pull - livre - machine.
Entoure celle qui va avec le dessin.

Gafi est dans la ——————— à laver.

Mélanie lit un ——————— à son ami.

Pascale la géniale a sali son ——————— .

◇ REVISION ◇ VISION ◇ REV

séquence 7

1 Colorie : en **jaune** les dessins si tu entends li ;
en **vert** les dessins si tu entends la.

2 Entoure les noms des personnages du livre.

Gafi	lit	chat	Pacha	Pascale
Mélanie	ami	école	Pascale	Gafi
pull	livre	Mélanie	fantôme	lilas	île

3 Complète les mots avec : **a**, **i**, **o**, **u**, puis relie.

pull   p_ll
Pascale   P_scale
Gafi   Gaf_
Mélanie   Mél_nie
école   éc_le

4 Dans les mots suivants, entoure :

a	Mélanie	ami	Gafi	lave
i	livre	lit	chipie	géniale
l	pull	école	Pascale	sali

18

RÉVISION ◇ RÉVISION ◇ RÉVISION ◇

5 Complète les étiquettes avec : **un** ou **une** et avec **la** ou **le**.

===== lit   ===== machine à laver   ===== livre

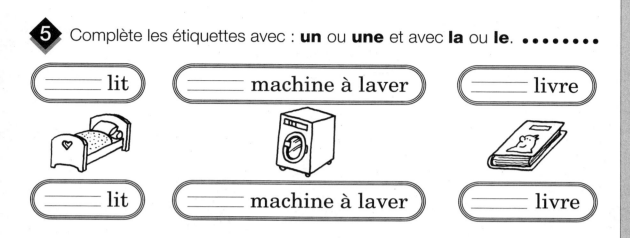

===== lit   ===== machine à laver   ===== livre

6 Relie pour terminer les phrases.

Pascale la géniale est à l'école : •
- • elle lit.
- • elle est dans son lit.

Mélanie a sali son pull : •
- • elle va le laver.
- • elle va à l'école.

7 Quelle phrase va avec le dessin ? Relie.

Mélanie est un fantôme.

Pascale est géniale.

Gafi est un fantôme.

séquence 8

1 Colorie les cases des dessins si tu entends u.

2 Colorie les cases des dessins si tu entends lu.

3 Entoure tous les **u**.

u u i n U I u n u u i a I U u

4 Entoure les syllabes identiques au modèle.

lu   li   lu   la   le   li   lu   ul   al   lu
ul   ul   il   al   lu   le   ul   ul   la   li

5 Entoure le mot semblable au mot étiquette.

tortue	rue	perdue	une
tard	rit	perle	un
tortue	rat	perdu	une
tarte	rue	perdue	lune
tortue	ru	pendu	nue

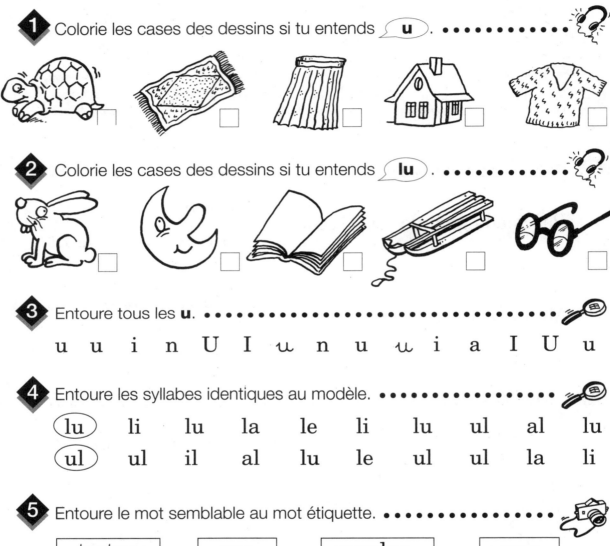

6 Complète avec **un** ou **une**.

| le   chat | la   tortue | le   pull |
| ___ chat | ___ tortue | ___ pull |

| la   lune | la   rue | l'   école |
| ___ lune | ___ rue | ___ école |

7 Colorie pour marier. *(Attention ! Une phrase ne peut pas être coloriée.)*

Mélanie a une tortue.

La tortue est dans la rue.

Mélanie est une tortue.

La tortue est dans la rue.

Mélanie a une tortue.

8 Complète les phrases avec les mots : rue - tortue - livre.
Puis entoure la phrase qui va avec le dessin.

Mélanie a perdu sa _____ .

La tortue est dans la _____ .

Gafi a lu un _____ .

21

séquence 9

1 Colorie les cases des dessins si tu entends r.

2 Colorie les cases des dessins si tu entends ru.

3 Entoure tous les r.

r   r   R   u   i   n   l   B   R   r   r   n   R

4 Entoure les syllabes identiques au modèle.

(ru)   ri   ra   ru   ar   ru   ir   ur   ru

(ur)   ur   ru   ar   ra   ur   ri   ru   ir

5 Entoure le mot semblable au mot étiquette.

Arthur	gros	peur	lune
Alain	gros	pour	lire
Arthur	gras	peur	lame
Rachid	gris	par	lune
Armand	grue	pur	dune

22

6 Complète avec **le** ou **la**. •••••••••••••••••••••••••••••••••••••

une tortue	un rat	une lune
___ tortue	___ rat	___ lune

un lit	une rue	un fantôme
___ lit	___ rue	___ fantôme

7 Colorie pour marier. *(Attention !)* •••••••••••••••••••••••••••••••

Arthur fait peur à Mélanie.

Arthur le gros dur a peur.

Arthur le gros dur a peur.

Arthur a fait peur à Mélanie.

Arthur fait peur à Mélanie.

8 Complète avec : Gafi - Mélanie - Arthur.
Puis entoure la phrase qui va avec le dessin. •••••••••••••••••••••

Arthur fait peur à _____ .

Gafi fait peur à _____ .

Pascale lave _____ .

séquence 10

1 Colorie les cases des dessins si tu entends **p**.

2 Colorie les cases des dessins si tu entends **pa**.

3 Entoure tous les **p**.

p p P b r d q p P q P p p

4 Entoure les syllabes identiques au modèle.

(pu) pi pu pa pu pu up ap pi
(ap) ap pa up pu ap pi ip ap

5 Entoure le mot semblable au mot étiquette.

pompe	vélo	plat	trop
pompier	velu	pli	tord
pomme	vélo	pale	tard
pompe	vola	plat	top
bombe	lové	plate	trop

24

6 Complète avec **un** ou **une** et relie au dessin. •••••••••••••••••••

——— vélo

——— pile

——— pipe

——— pompe

——— plat

——— pull

7 Colorie pour marier. *(Attention !)* ••••••••••••••••••••••••••

| Pascale part à l'école avec Gafi. |
| Mélanie va à l'école avec Arthur. |
| Mélanie va à l'école avec Gafi. |
| Pascale part à l'école avec Gafi. |
| Mélanie va à l'école avec Arthur. |

8 Complète avec : *vélo - plat - école*.

Puis entoure la phrase qui va avec le dessin. •••••••••••••••••••

Le pneu est à ——— .

Pascale ne va pas à l' ——— .

Pascale part avec son ——— .

25

séquence 11

1 Colorie les cases des dessins si tu entends o.

2 Colorie les cases des dessins si tu entends po.

3 Entoure tous les o.

o o O a O A O o a o O o

4 Entoure tous les o dans les mots.

moto   polo   auto   pas   pot   bol   domino

5 Entoure les syllabes identiques au modèle.

(ro)   ro   ra   or   ra   ro   or   ri   ur   ro

(or)   ar   or   ir   ur   or   ir   or   ra   ro

26

6 Entoure le mot semblable au mot étiquette.

robot	auto	polo	allo
robots	loto	pull	allo
rabot	autos	polo	Ali
robot	auto	polos	allé
nabot	autre	poli	alla

7 Colorie pour marier. *(Attention !)*

Le robot a fait peur à Arthur.

Le robot répare un vélo.

Le robot répare une auto.

Le robot a fait peur à Arthur.

Le robot répare une auto.

8 Complète avec : *polo - robot - auto*.

Puis entoure la phrase qui va avec le dessin.

Le robot répare une _____ .

Pascale la géniale fait un _____ .

Mélanie lave un pull et un _____ .

séquence 12

1 Colorie les cases des dessins si tu entends **t**.

2 Colorie les cases des dessins si tu entends **ta**.

3 Entoure les **t** dans les mots.

chat   fou   aplati   très   tulipe   route   tête

4 Entoure les syllabes identiques au modèle.

(tul)   tal   til   tul   lat   lit   tur   lut   tul

(tar)   tar   tor   tir   art   rat   rit   tar   rot

5 Entoure le mot semblable au mot étiquette.

tarte	tort	parte	tortue	tarte	carte	tarte
très	trop	très	trois	très	sert	tris
goûte	route	voûte	poutre	goûte	doute	outre

28

6 Colorie pour marier. *(Attention !)* •

> Gafi a fait une tarte très rare.

> Gafi a fait une tarte à la patate.

> Gafi a fait une tarte avec la patate.

> Gafi a fait une tarte très rare.

> Gafi a fait une tarte à la patate.

7 Sépare les mots de la phrase par des traits.
Recopie la phrase, puis colorie le bon dessin. • • • • • • • • • • • • • • • • •

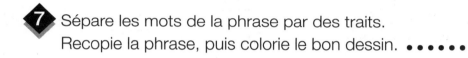

Mélaniefaitunetarteavecsonamie.

_____
_____

8 Complète avec **le** ou **la**. •

Gafi ===== fantôme fait ===== tarte à ===== patate, et

Mélanie prépare ===== rôti.

séquence 13

1 Colorie : en **bleu** les cases des dessins si tu entends **pr** ;
en **rouge** les cases des dessins si tu entends **tr**.

2 Entoure les **pr** en **bleu**, les **tr** en **rouge**.

prix   titre   surprise   préau   prune   triste   train

3 Entoure les syllabes identiques au modèle.

 pur   pru   rup   pru   pru   urp   pru

 rot   tro   tor   tro   tra   tro   ort

4 Entoure le mot semblable au mot étiquette.

 parte   porte   propre   port   porte   poutre

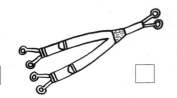 trop   port   trop   stop   tord   très   trot

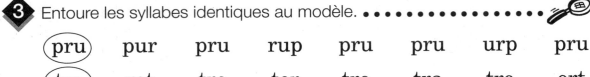 lit   titre   litre   livre   tire   trie   litre

5 Colorie pour marier. *(Attention !)* •

| Rachid joue à chat avec Pascale et Mélanie. |

| Arthur attrape Rachid et Gafi. |

| Rachid joue avec le chat et Mélanie. |

| Rachid joue à chat avec Pascale et Mélanie. |

| Arthur attrape Rachid et Gafi. |

6 Sépare les mots de la phrase par des traits.
Recopie la phrase, puis colorie le bon dessin. • • • • • • • • • • • • • • • • • • •

Gafiarriveetilporte Rachid.

_____

7 Complète avec **un** ou **le**, **une** ou **la**. •

Rachid est ===== ami de Gafi ===== fantôme.

Il prépare ===== tarte pour Mélanie ===== chipie.

31

séquence 14

1 Colorie : en **rouge** les dessins si tu entends **u** ;
en **bleu** les dessins si tu entends **o**.

Colorie : en **jaune** les dessins si tu entends **p** ;
en **vert** les dessins si tu entends **t**.

2 Entoure les noms des personnages du livre.

Arthur   Gafi   Ali   Mélanie   Lili   Pascal

Pascale   Rachid   le robot   Pacha   Paris

3 Relie les mots à leur maison.

pour   et   aussi   qui   dans

4 Retrouve dans les mots la syllabe encadrée. Entoure-la.

pu	punir repu pour épuisé capuchon purée
ro	rôti carrosse raté robe carotte robot
ta	attaque tapis retard tortue tarte table

5 Qui parle ? Complète.

« Rachid, attrape-moi ! » C'est _____

« C'est une tarte très rare ! » C'est _____

« Gafi, où est ma tortue ? » C'est _____

6 Relie le début et la fin de chaque phrase.

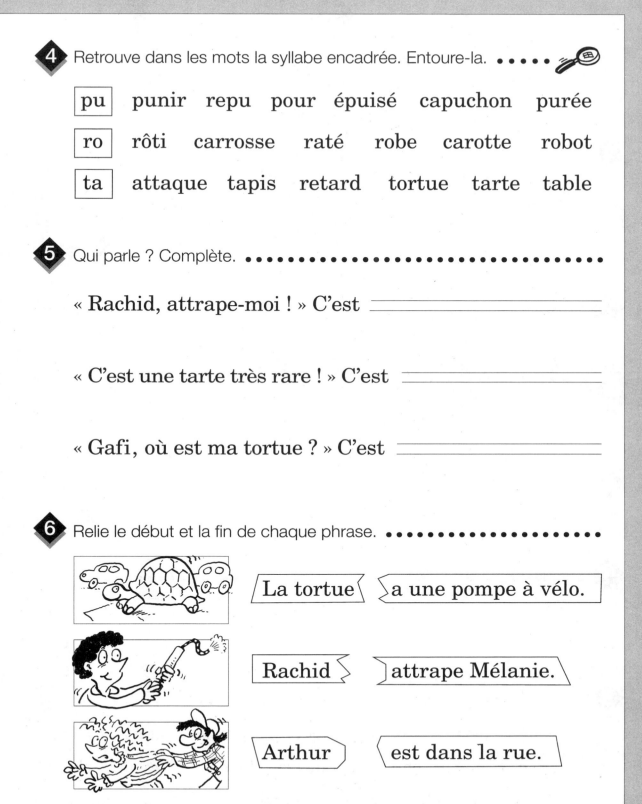

La tortue — a une pompe à vélo.

Rachid — attrape Mélanie.

Arthur — est dans la rue.

séquence 15

1 Colorie les cases des dessins si tu entends `e`.

2 Colorie la case à l'endroit où tu entends `pe`. Début, milieu, fin ?

3 Entoure tous les **e** dans les mots.

petit   repas   pose   arrive   regarde   bien   peluche

4 Entoure les syllabes identiques au modèle.

(pe) pe pi pa pe po pu pe ip ap

(te) te et ti te et tu te te to

5 Entoure le mot semblable au mot étiquette.

| petit | petite | pépite | petit | partie | petit | petits |

| cheval | cheval | chevaux | chèvre | cheveux | chevalet | cheval |

| peluche | peluche | pelure | peluche | pelucheux | perruche |

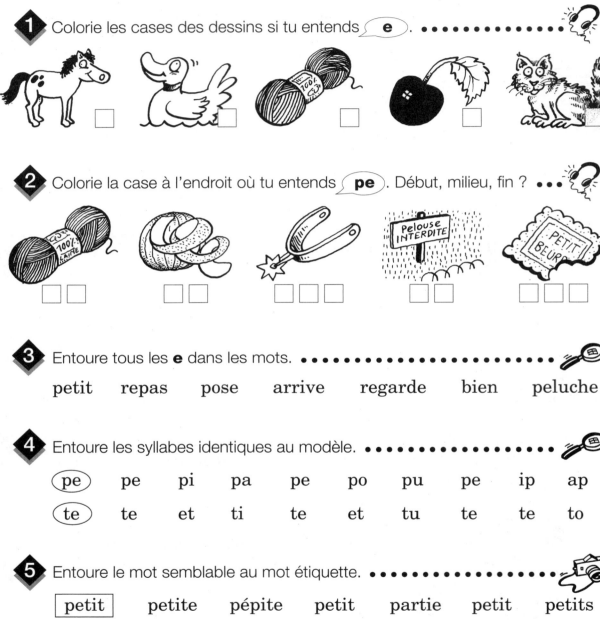

6 Relie chaque mot au bon dessin. •

une pelote	une tirelire	une tarte	un plâtre
			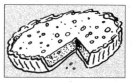

7 Colorie pour marier les deux phrases qui veulent dire la même chose. • • • • •

Le robot a pris Arthur par son pull.

Le robot crie : Arthur a pris le pull.

Le robot a attrapé Arthur par son pull.

8 Sépare les mots de la phrase. Recopie-la et entoure le bon dessin. • • • • • • • •

Pascaleapporteunpetitrobotà Mélanie.

_____

9 Complète les phrases avec les étiquettes. Puis ajoute **il** ou **elle**. • • • • • • • • • •

| le cheval | Pascale | le robot | Mélanie |

C'est _____ qui est en peluche, _____ est sur le lit.

C'est _____ qui attrape Arthur, _____ crie : « Ah ah ! »

C'est _____ qui apporte le cheval, _____ est géniale.

35

séquence 16

1 Colorie les cases des dessins si tu entends **m**.

2 Colorie la case à l'endroit où tu entends **ma**. Début, milieu, fin ?

3 Entoure tous les **m**.

m   m   m   n   m   M   m   u   w   M   m

4 Entoure comme le modèle.

me   mi   ma   me   mo   me   mi   mu   ma   me

mami   mima   miami   mami   mina   ami   mama

5 Entoure le mot semblable au mot étiquette.

rhume	rhume	brume	hume	fume	rhum
mot	mit	mât	mot	ton	mot	moto
mur	mur	mûre	mûr	murs	mule	mûri

36

6 Relie chaque mot au bon dessin. •

une pomme   une moto   un matelas   un mur

 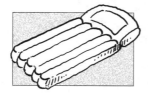 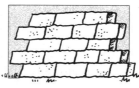 

7 Colorie pour marier les deux phrases qui veulent dire la même chose. • • • • •

Mélanie a un rhume, elle est malade.

Gafi apporte une pilule à Mélanie.

Le fantôme apporte une pilule à Mélanie.

8 Sépare, recopie et entoure. •

Mélanieavaleunepilule.

_____

9 Réponds aux questions. *(Tu peux regarder le texte.)* • • • • • • • • • • • • •

Qui a attrapé un gros rhume ? C'est _____ .

Qui a pris une pilule de mirliti ? C'est _____ .

Qui fait « Atchoum » ? C'est _____ .

séquence 17

1 Colorie les cases des dessins si tu entends **ou**.

2 Colorie la case à l'endroit où tu entends **pou**. Début, milieu, fin ?

3 Voici des mots bizarres.
Dans la 2e série, on a ajouté une syllabe pirate. Entoure-la.

poli	potouli
ramo	ramotur
tami	tamipou
tilu	tiroulu

4 Entoure le mot semblable au mot étiquette.

loup	loups	poule	loupe	pouls	loup	lapin
coup	coude	coupe	coup	coq	pouce	coud
joue	jouet	je	joue	jeu	joue	joie

38

5 Relie chaque mot au bon dessin. ●●●●●●●●●●●●●●●●●●●●●●●●●●●●

un moule   une tour   une roulotte   une boule

6 Colorie pour marier les deux phrases qui veulent dire la même chose. ●●●

Le loup court sur la route.

Mélanie donne des coups au loup.

Mélanie tape le loup.

7 Sépare, recopie et entoure. ●●●●●●●●●●●●●●●●●●●●●●●●●●●●●●●●●

Arthurtordlecouduloup.

8 Réponds aux questions. ●●●●●●●●●●●●●●●●●●●●●●●●●●●●●●

Qui dit : « Je tords le cou du loup » ? C'est _____ .

Qui dit à Rachid : « Je joue avec toi » ? C'est _____ .

Qui dit : « Je donne des coups au loup » ? C'est _____ .

ÉCRITURE

séquence 18

Cette séquence renvoie aux activités proposées dans le guide pédagogique, séquence 18.

Où est le chat ?
Il est dans le lilas.

Où est Mélanie ?
Elle est dans le lit.

Où est le boucher ?
Il est dans sa boutique.

Où est la tortue ?
Elle est dans la rue.

JRE ◆ ECRITURE ◆ ECRITURE ◆ ECRITURE ◆

◆ Maintenant, à toi d'écrire ton texte et de l'illustrer.

Où est .... ?

.... est dans ....

Où est .... ?

.... est dans ....

séquence 19

1 Colorie les cases des dessins si tu entends `b`.

2 Colorie la case à l'endroit où tu entends `bo`.

3 Dans chaque série, il y a un mot où l'on n'entend pas le son de l'étiquette.
Barre ce mot intrus.

b	b	ou	m
balle	botte	boue	fantôme
bol	bout	loup	Mélanie
botte	pour	tour	mal
malle	but	moue	moto
robe	battu	aussi	bal

4 Dans la 2ᵉ série, entoure la syllabe pirate.

ritu   rituba
poumi   poubomi
tato   butato
roba   robouba

5 Colorie pour marier les deux phrases qui veulent dire la même chose. •••••

Rachid est dans la rue.

Arthur fait un barrage avec Gafi.

Rachid court dans la rue.

Arthur fait un barrage avec le fantôme.

6 Récris les phrases en ordre, puis numérote les dessins. •••••••••••••

① tombe _ dans la boue _ Le fantôme

② des bottes _ Rachid _ a mis

7 Réponds. ••

Voilà des bottes, pour qui ? Pour Rachid ou pour Pacha ?

_____ .

Voilà une robe, pour qui ? Pour le robot ou pour Mélanie ?

_____ .

Voilà un bol, pour qui ? Pour Arthur ou pour la tortue ?

_____ .

séquence 20

1 Colorie les cases des dessins si tu entends é.

2 Colorie la case à l'endroit où tu entends pé.

3 Barre le mot intrus.

é	é	b	ou
épée	télé	bébé	loup
Mélanie	vélo	robe	tout
appétit	pelure	pile	trou
bébé	réparé	bulle	pour
baba	purée	boule	par

4 Dans la 2e série, entoure la syllabe pirate.

ribou	méribou	pilou	pibélou
buta	buréta	pluté	plutémou
troupa	métroupa	pritou	bépritou

44

5 Colorie pour marier les deux phrases qui veulent dire la même chose. •••••

Arthur a retiré un fil de la télé.

Pascale est tombée de vélo.

Arthur a ôté un fil de la télé.

Arthur est tombé sur le vélo de Pascale.

6 Récris les phrases en ordre, puis numérote les dessins. ••••••••••••

① sur la télé _ Arthur _ a tapé

_____

② a réparé _ Pascale _ son petit vélo

_____

7 Transforme selon le modèle. ••••••••••••••••••••••••••••••••

Arthur joue avec Rachid et il a aussi joué avec Mélanie.

Le robot retire une pile et il ____ aussi retiré un fil.

Pascale salit sa robe et elle ____ aussi sali son pull.

Pacha attrape un rat et il a aussi _____ une poule.

Gafi apporte la purée et il a aussi _____ le pâté.

séquence 21

1 Colorie les cases des dessins si tu entends (é).

2 Colorie la case à l'endroit où tu entends (mé).

3 Dans chaque série, barre l'intrus.

(é)	(é)	(p)	(l)
assez	télé	parler	lutter
avalez	boucher	pilule	allée
acheter	nez	poule	pilule
mou	vélo	boucher	loupe
aller	repas	repris	boucher

4 Dans la 2ᵉ série, entoure la syllabe pirate.

tapa	tapaler		pilétu	pilétubez
bouri	bouriter		bouméra	boumératez
bémer	bétamer		toupoli	toupolimez

5 Colorie pour marier les deux phrases qui veulent dire la même chose.

Le boucher a un gros rhume, il a le nez bouché.

Mélanie est allée chez le boucher.

Mélanie est partie de chez le boucher.

Le boucher est malade, il a le nez bouché.

6 Récris les phrases en ordre, puis numérote les dessins.

① est allée — Mélanie — chez le boucher

② prépare — pour son ami — de la purée — Rachid

7 Complète avec **Oui** ou **Non**.

C'est Mélanie qui a le nez bouché. _____ c'est le boucher.

C'est Pacha qui a acheté du mou. _____ c'est Mélanie.

C'est le boucher qui a avalé une pilule. _____ c'est lui.

C'est Pascale qui a réparé le robot. _____ c'est elle.

◇ REVISION ◇ VISION ◇ REV

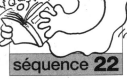

séquence **22**

1 Entoure quand tu entends **bou**. ••••••••••••••••••••••••••••

2 Entoure quand tu entends **mi**. ••••••••••••••••••••••••••••

3 Dans chaque série, barre l'intrus. •••••••••••••••••••••••••

e	m	ou	b	é
peluche	pomme	lot	pâté	télé
regarde	malade	lourd	robe	poupée
petit	bal	poule	bu	pile
boucher	mûre	rouler	botte	assez

4 Entoure en **rouge** les **b**, en **bleu** les **m**, en **ver**t les **e**. ••••••

```
a  i  b  b  b  b  i  a
e  b  p  p  p  p  b  e
b  d  d  d  d  d  d  b
m  m  m  m  m  m  m  m
m  e  e  o  o  e  e  m
m  e  e  a  a  e  e  m
m  m  m  m  m  m  m  m
```

5 Entoure les syllabes pirates dans les prénoms.

Gaféfi   Mélamounie   Pascaleme   Arthurbou
Raméchid   Gaméfi   Mébalanie

6 Qui parle ? Ecris son nom.

« C'est moi qui attrape Arthur par son pull. » _____

« C'est moi qui joue avec le loup. » _____

« C'est moi qui apporte du mou à Pacha. » _____

7 Récris les phrases en ordre puis numérote les dessins.

① pour Mélanie _ prépare _ le boucher _ du pâté

② pour le chat _ une pilule _ apporte _ Pascale

③ la _ papa _ télé _ répare _ le _ Rachid _ de

séquence 23

1 Colorie les cases : en **rouge** si tu entends (bra) ;
en **jaune** si tu entends (pra).

2 Dans chaque série, barre l'intrus.

br	bl	pr	pl
bras	table	câpre	pli
broute	trouble	praline	pile
abri	bulle	appris	plat
bar	oubli	par	plot

3 Entoure comme le modèle.

(blu)   bli   bul   blu   lub   bol   blu   blou
(pla)   lap   pal   pla   plo   pla   pal   alp

4 Dans la 2e série, entoure la syllabe pirate.

bouti   boutipra   polez   bripolez
blimu   plablimu   lumou   lumoupré
prito   priblouto   tatu   tabloutu
ralou   raplilou   ruter   rupliter

5 Complète avec **bl** ou **pl**.

une ta__e   la __ume   un __at   la __uie

6 Colorie pour marier les deux phrases qui veulent dire la même chose. •••••

Gafi arrive sur un platane.

Gafi tape dans le ballon.

Gafi arrive sur un arbre.

7 Récris les phrases en ordre, puis numérote les dessins. ••••••••••••••

① Gafi – par le ballon – est emporté

② Arthur – Rachid – attrape – par le bras

8 Complète avec les mots. ••••••••••••••••••••••••••••••••••

sur – dans – entre – sous

Rachid joue au ballon _____ le pré.

Gafi est dans les buts, _____ les arbres.

Le ballon emporte Gafi _____ le platane.

Mélanie est à l'abri _____ un parapluie.

9 Entoure la question qui va avec cette réponse. ••••••••••••••••••••

Arthur a tapé dans le ballon.

Qui est dans les buts ?

Qui a tapé dans le ballon ?

séquence 24

1 Colorie la case à l'endroit où tu entends co .

2 Dans chaque série, barre l'intrus.

c	c	c	c
parc	Pascale	cacao	pic
lac	écoute	boule	tricot
corps	Rachid	cour	bocal
calcul	école	haricot	copie
bal	culbute	cri	chez

3 Dans la 2ᵉ série, entoure la syllabe pirate.

coutu	coupitu		retal	caretal
brimo	cabrimo		copol	coboupol
muro	murocou		primou	caprimou
capra	bricapra		cuma	cacuma

52

4 Colorie pour marier les deux phrases qui veulent dire la même chose. •••••

> Gafi joue au bord du lac avec ses amies.
> Arthur est sur son matelas pneumatique.
> Au bord du lac, Gafi joue avec Pascale et Mélanie.

5 Récris les phrases en ordre, puis numérote les dessins. ••••••••••••

① le matelas _ culbute _ Gafi _ tout à coup

_____

② dans _ une barque _ et Mélanie _ Pascale _ sont

_____

6 Réponds en observant le modèle. •••••••••••••••••••••••

Qui joue au bord du lac ? C'est Gafi qui joue.

Qui tombe à l'eau ? _____ qui tombe à l'eau.

Qui culbute le matelas ? _____ qui culbute le matelas.

Qui coule ? _____ qui coule.

7 Quelle question ? Entoure. •••••••••••••••••••••••••

> Gafi va sous le matelas.

Où va Gafi ?
Qui est sur le matelas ?

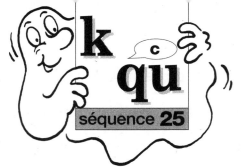

séquence 25

1 Colorie la case à l'endroit où tu entends **ca**.

2 Colorie la case à l'endroit où tu entends **cou**.

3 Dans chaque série, barre l'intrus.

c	c	c	c
rock	cour	barque	pack
brique	karaté	brique	clic
kimono	coq	plaque	kilo
claque	par	boule	kaki
pré	pic	attaque	aller

4 Remets les syllabes en ordre et écris le mot qui correspond au dessin.

pi ké   mo ki no

un _____   un _____

que bar   que bri

une _____   une _____

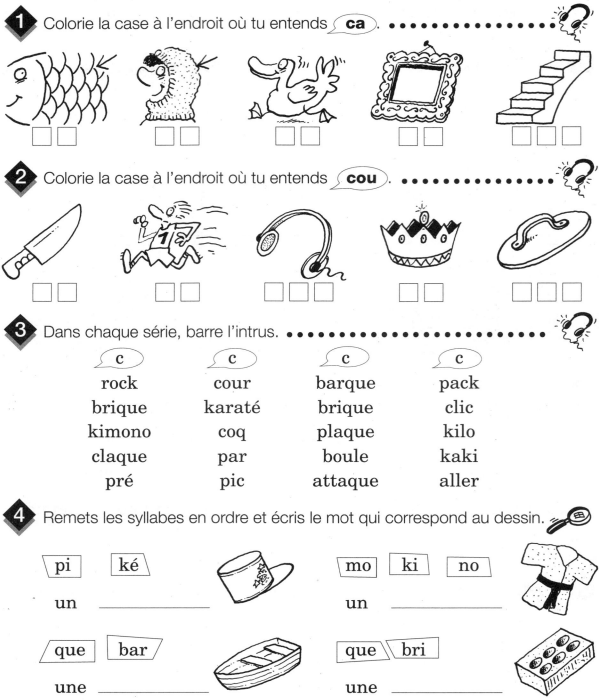

5 Colorie pour marier les deux phrases qui veulent dire la même chose. •••••

Arthur a crié : il a mal.

Mélanie est tombée : elle a mal.

Arthur a hurlé : il a mal.

6 Récris la phrase en ordre. Numérote les dessins. ••••••••••••••••••

① sur le pied d'Arthur _ la brique _ est tombée

② Mélanie _ pour faire du karaté _ a un kimono

7 Retrouve qui le dit. •••••••••••••••••••••••••••••••

« C'est moi le gros dur », s'écrie _____.

« C'est moi la chipie », s'écrie _____.

« C'est moi la géniale », dit _____.

« C'est moi le chat », dit _____.

8 Quelle question ? Entoure. •••••••••••••••••••••••••••

Arthur a tapé sur une brique.

Qui a un kimono ?
Où est tombée la brique ?
Qui a tapé sur une brique ?

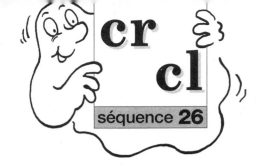

séquence 26

1 Colorie la case à l'endroit où tu entends cro.

2 Dans chaque série, barre l'intrus.

cl	cr	cl	cr
claque	crie	clé	crocodile
climat	âcre	racler	accroc
article	clou	clip	micro
microbe	cru	clamer	acrobate
clôture	crabe	écrire	cloque

3 Entoure comme le modèle.

(cla) cla lac cla cha clo lac cla cal
(cru) ruc cur urc cru cru cur cru ruc

4 Remets les syllabes en ordre et écris le mot qui correspond au dessin.

cro	mi		be	cra
un _____   un _____

| che | clo | | co | di | cro | le |
une _____   un _____

5 Colorie pour marier les deux phrases qui veulent dire la même chose. •••••

Le clown fait l'acrobate sur un tabouret.

Le clown est en équilibre sur un tabouret.

Le clown éclate de rire.

6 Récris les phrases en ordre. Numérote les dessins. ••••••••••••••••

① l'acrobate _ fait _ Mélanie _ avec _ Gafi

_____

② à _ l'école _ Un _ est _ clown _ allé

_____

7 Complète avec **il** ou **elle**. ••••••••••••••••••••••••••••

C'est un clown, _____ fait rire.

C'est une carpe, _____ est dans le lac.

C'est un acrobate, _____ fait de l'équilibre.

C'est une tortue, _____ croque la salade.

8 Quelle question ? Entoure. ••••••••••••••••••••••••••

Le crocodile a croqué un petit crabe.

Qui a croqué du cacao ?

Qui a craqué la culotte du clown ?

Qui a croqué un petit crabe ?

séquence 27

1 Colorie la case à l'endroit où tu entends « to ».

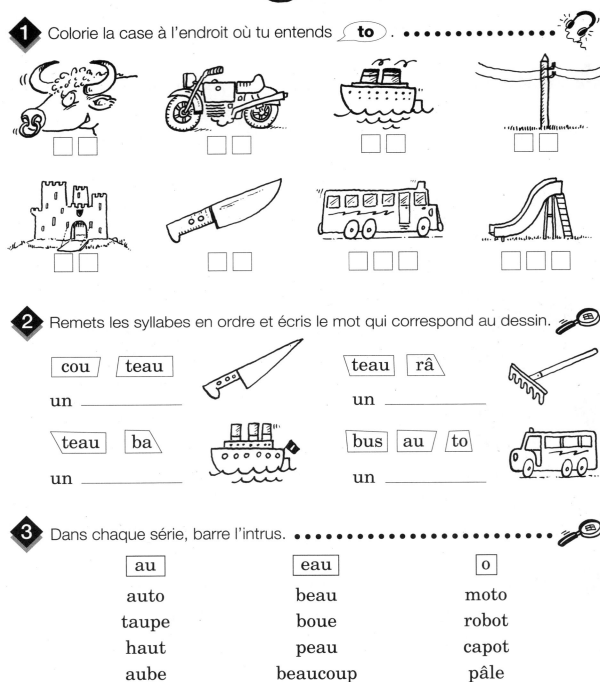

2 Remets les syllabes en ordre et écris le mot qui correspond au dessin.

| cou | teau |
un _____

| teau | râ |
un _____

| teau | ba |
un _____

| bus | au | to |
un _____

3 Dans chaque série, barre l'intrus.

au	eau	o
auto	beau	moto
taupe	boue	robot
haut	peau	capot
aube	beaucoup	pâle
bulle	râteau	pot

58

4 Colorie pour marier les deux phrases qui veulent dire la même chose. •••••

Arthur est tout en haut du poteau.

Arthur est tout en bas du poteau.

Arthur est au pied du poteau.

5 Récris les phrases en ordre. Numérote les dessins. ••••••••••••••••

① Gafi _ joue _ au torero _ avec le taureau

_____

② Un _ le _ dans _ pré _ taureau _ broute

_____

6 Complète avec ces mots ou expressions : À côté _ Dans _ En haut.

_____ du poteau, Arthur est à l'abri du taureau.

_____ de Gafi, Rachid regarde la télé.

_____ le pré, un taureau broute.

_____ du lit, il y a un beau tapis.

7 Quelle question ? Entoure. •••••••••••••••••••••••••••••••••

Arthur est arrivé en haut du poteau.

Qui attaque Arthur ?

Où Arthur court-il ?

Où est arrivé Arthur ?

séquence 28

1 Colorie la case à l'endroit où tu entends **va**.

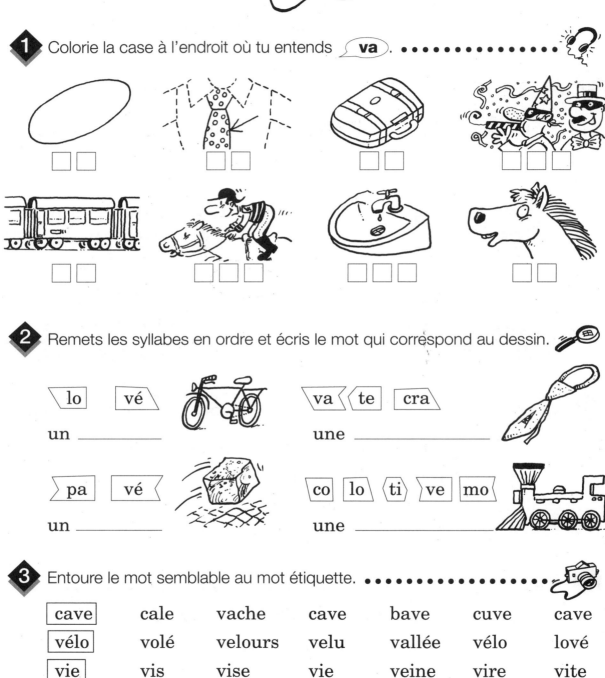

2 Remets les syllabes en ordre et écris le mot qui correspond au dessin.

| lo | vé |
un _____

| va | te | cra |
une _____

| pa | vé |
un _____

| co | lo | ti | ve | mo |
une _____

3 Entoure le mot semblable au mot étiquette.

cave	cale	vache	cave	bave	cuve	cave
vélo	volé	velours	velu	vallée	vélo	lové
vie	vis	vise	vie	veine	vire	vite
trouver	prouver	trouve	ouvre	trouer	trouver

60

4 Colorie pour marier les deux phrases qui veulent dire la même chose.

> Le voleur a volé le vélo de Mélanie.
>
> Le voleur a pris le vélo de Mélanie.
>
> Le voleur de vélo va dans sa cave.

5 Récris les phrases en ordre.

① a pris – un vélo – Un voleur – dans la cave

② le – la – imite – Le fantôme – bruit – de – locomotive

6 Entoure le texte qui résume l'histoire.

1	2
Un voleur a volé le vélo de Mélanie. Mais Gafi et ses amis lui ont fait peur. Alors le voleur a rapporté le vélo.	Un voleur est allé dans la cave de Mélanie. Mais il a vu Gafi. Alors il est parti très vite.

7 Complète avec les mots : chez – sur – dans.

Gafi et ses amis ont joué à chat _____ la cave.

Le voleur a volé le vélo _____ Mélanie.

Les fantômes ont tapé _____ les murs et _____ les vitres.

Gafi est allé _____ le voleur.

séquence 29

Cette séquence renvoie aux activités proposées dans le guide pédagogique, séquence 29.

RE ◆ ECRITURE ◆ ECRITURE ◆ ECRITURE ◆

◆ À ton tour, transforme les mots suivants.

une moto   une pomme

des bottes   un arbre

un clown   le crocodile

◇ REVISION ◇ VISION ◇ REV

séquence **30**

1 Entoure le dessin en **rouge** si tu entends (c) et (v) ;

2 Assemble les syllabes encadrées pour retrouver le mot qui correspond au dessin. Ecris ce mot.

|ti|roir |lo|to |co|l |mo|to   oli|ve|

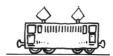   une ☐☐☐☐☐

3 Voici des colliers de syllabes. Colorie la perle qui peut terminer le collier.

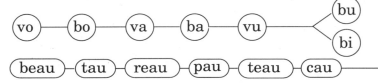

4 Retrouve les mots dans la grille. Colorie-les.

platane
clown
vélo
karatéka
arbre

p	l	a	t	a	n	e	i	e
s	a	r	b	r	e	m	o	n
o	r	c	t	u	v	é	l	o
q	s	p	r	c	l	o	w	n
c	u	a	e	i	o	s	b	v
k	a	r	a	t	é	k	a	p
v	e	l	a	i	e	b	n	s

64

5 Entoure les phrases qui résument des histoires de ton livre. • • • • • • • • • • •

① Gafi est allé sur une locomotive avec Arthur.
② Arthur a tapé sur une brique, il a mal au pied.
③ Mélanie a fait l'acrobate comme un clown.
④ Rachid a coupé un platane et crevé un ballon.
⑤ Arthur est en haut d'un poteau et Gafi fait le torero.

6 Voici un texte où tu dois choisir entre deux mots.
Barre celui qui ne convient pas. •

Un gros ⟨bouton / mouton⟩ broute dans le pré. Arthur fait le ⟨clou / clown⟩ à côté de lui. Alors le ⟨taureau / robot⟩ l'attaque. Vite Arthur court vers un ⟨port / poteau⟩. Gafi arrive et il joue au ⟨tortue / torero⟩ avec le taureau.

7 Dans ce texte, entoure ce qu'il faut savoir pour dessiner le clown.
Puis dessine-le. •

Le clown est à l'école.
Il a un gros nez rouge.
Il a une culotte à carreaux
avec des bretelles. Mélanie
le regarde. Elle rit car
le clown a un pull trop petit.

8 Complète avec : **dans, pour, mais, avec**. • • • • • • • • • • • • • • • • •

Pascale et Mélanie sont _____ le pré _____ Arthur.
Mélanie a peur _____ Gafi est là.
Arthur a mis son kimono _____ son cours de karaté.

65

séquence 31

1 Colorie la case à l'endroit où tu entends no.

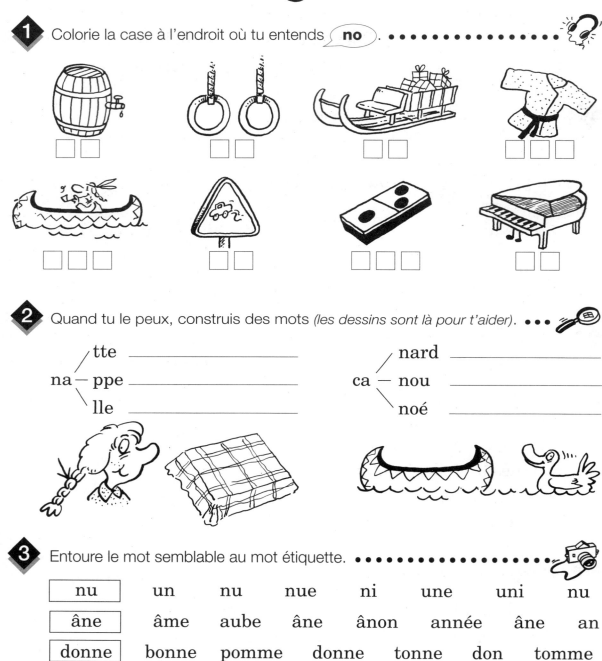

2 Quand tu le peux, construis des mots *(les dessins sont là pour t'aider).*

na — tte _____   ca — nard _____
na — ppe _____   ca — nou _____
na — lle _____   ca — noé _____

3 Entoure le mot semblable au mot étiquette.

nu	un	nu	nue	ni	une	uni	nu
âne	âme	aube	âne	ânon	année	âne	an
donne	bonne	pomme	donne	tonne	don	tomme	
nous	vous	sous	tous	nous	son	mou	nus

66

4 Colorie pour marier les phrases qui veulent dire **le contraire**.

Mélanie trouve un chat dans la rue.

Mélanie trouve un beau cadeau pour son père.

Mélanie ne trouve pas de beau cadeau pour son papa.

5 Récris les phrases en ordre.

① regarde – dans la vitrine – Mélanie – les poupées

_____

② cassé – a – Gafi – tous – bibelots – les

_____

6 Entoure le texte qui résume l'histoire.

        1   2

Gafi est allé avec Mélanie dans une boutique de vélos. Il a fait le clown sur les vélos. Mélanie a crié.

Mélanie est allée dans une boutique de bibelots. Elle y a trouvé un beau petit âne pour son papa.

7 Continue comme le modèle.

Le bibelot est cassé : c'est Arthur qui l'a cassé.

La télé est réparée : c'est Pascale _____ l'a réparée.

Le vélo est volé : c'est le voleur _____ l'a _____ .

La tartine est coupée : c'est papa qui _____ .

67

on / om
séquence 32

1 Colorie les cases des dessins si tu entends « on ».

2 Colorie la case à l'endroit où tu entends « ton ».

3 Quand tu le peux, construis des mots.

mon — tre / tal / tée

bâ — co / ton / cu

bon — vé / bi / bon

bi — ta / lon / sa

4 Dans chaque série, barre l'intrus.

on	pont	bâton	melon	pompe	talon
om	tombe	bombe	pompe	la montre	ombre
ou	cou	carton	tour	roue	pour
on	vous	contre	blond	marron	montre

5 Colorie pour marier les contraires.

Le canard vole le poisson de Mélanie.

Le canard a vu un melon.

Le canard n'a pas vu de melon.

6 Récris les phrases en ordre.

① près du pont _ prépare _ Mélanie _ le pique-nique

② dans _ Le _ le _ broute _ mouton _ pré

7 Entoure le texte qui résume l'histoire.

1	2
Quatre animaux polissons ont voulu croquer la salade de tomates de Pascale. Mais le robot les a attrapés.	Quatre animaux polissons ont voulu croquer le pique-nique de Mélanie. Mais Gafi a pris son bâton.

8 Ces phrases sont en désordre.
Redonne à chacune son numéro : **1, 2, 3**.

◯ Et alors, elle a mis les plats sur la nappe.

◯ En premier, Mélanie a préparé le pique-nique.

◯ Puis elle a étalé la nappe.

69

1 Entoure le dessin : en **bleu** quand tu entends on ;
en **jaune** quand tu entends onne .

2 Quand tu le peux, construis des mots.

cou — ronne _____ / cou _____ / teau _____

bou — bonne _____ / tré _____ / chon _____

ron — ronne _____ / bon _____ / de _____

trom — pe _____ / per _____ / car _____

3 Dans chaque série, barre l'intrus.

on	onne	om	onne
bon	lionne	montre	bonne
rond	couronne	plomb	pomme
lion	ronronne	pompe	colonne
tonneau	tonne	tombe	personne
mouton	marron	nombre	couronne

70

4 Colorie pour marier les contraires.

L'avion vole haut.

Pascale a un avion.

L'avion vole bas.

5 Ecris une phrase avec des mots choisis dans chaque sac.

Pascale / Arthur / Gafi

a volé / a bricolé / a cassé

un avion / le vélo / un ballon

à / pour / de

ses amis / Mélanie / Pascale

_____

6 Entoure le texte qui résume l'histoire.

1	2	3
Rachid monte sur le balcon avec Pascale. Là-haut, il joue au ballon. Mais le ballon tombe dans la rue.	Pascale monte sur le balcon avec son ami. Elle lui montre un avion qui vole très haut et qui va à Paris.	Pascale est sur le balcon avec ses amis. Elle regarde son petit avion qui vole. L'avion vole bien mais tout à coup, il tombe et se casse.

7 Complète avec **un** ou **des**.

____ avion est sur la piste, ____ avions sont sous les abris.

____ ballons sont dans la cour, ____ ballon est dans le pré.

____ mouton est dans l'étable, ____ moutons sont sur le pont.

____ bonbons sont dans le sac, ____ bonbon est sur la table.

séquence 34

1 Colorie la case où tu entends **son**.

2 Relie chaque mot à la valise qui contient ses lettres.

trousse   tasse   soupe   souris   tissu

3 Quand tu le peux, construis des mots.

sa — bot / von / bre

sou — ris / pe / bon

si — rop / pon / rène

sa — lade / ble / ron

4 Entoure le mot semblable au mot étiquette.

| as | sa | os | su | as | us | sa | as |

| souris | sourit | sourire | source | souris | nourris |

| poisson | boisson | poisson | poison | moisson | poisson |

5 Colorie pour marier les contraires. ●●●●●●●●●●●●●●●●●●●●●●●●●●●●●

Sur les pistes de ski, Arthur est un as.

Sur les pistes de ski, Arthur tombe.

Les souris ont vu Pacha, elles se sauvent.

6 Ecris une phrase avec des mots choisis dans chaque sac. ●●●●●●●●●●●●●

_____

 7 Entoure le texte qui résume l'histoire. ●●●●●●●●●●●●●●●●●●●●●●●●●

1	2	3
Arthur a mis sa tenue de sport. Mais Pacha n'a vu que les souris et a sauté sur Arthur.	Pacha va faire du ski avec son amie la souris. Sur ses skis, Pacha est un as.	Mélanie a mis sa tenue de ski. Mais des souris arrivent. Mélanie a peur. Elle se sauve.

 8 Réponds selon le modèle. Voici des mots pour t'aider : **pré**, **cave**. ●●●●●●●●●

Où y a-t-il un vélo ? C'est chez Mélanie qu'il y a un vélo.

Où y a-t-il un mouton ? C'est dans le _____

_____ .

Où y a-t-il des souris ? C'est _____

_____ .

séquence 35

1 Colorie la case à l'endroit où tu entends **si**.

2 Colorie : en **bleu** les mots où **c** se lit **s** ;
en **rouge** les mots où **c** se lit **k**.

| cacao | école | puce | place | canard |
| citron | police | pouce | col | cil | cou |

3 Quand tu le peux, construis des mots.

ci – tron _____
ci – ré _____
ci – blé _____

ma – ___ _____
bou – çon _____
tron – ___ _____

sau – cisse _____
sau – ton _____
sau – ce _____

ma – ___ _____
po – lice _____
sou – ___ _____

4 Dans chaque série, barre l'intrus.

c	place	sauce	ciré	assis	police
ss	assez	écorce	lasso	tasse	masse
ç	maçon	leçon	garçon	glaçon	puce

5 Colorie pour marier les contraires. ●●●●●●●●●●●●●●●●●●●●●●●●●●●●●●●

> Gafi a scié l'arbre de la place.

> Gafi a abattu l'arbre de la place.

> Gafi a apporté un arbre pour la place.

6 Ecris une phrase avec des mots choisis dans chaque sac. ●●●●●●●●●●●●●

Gafi Mélanie le bûcheron	a appris attaque a sauvé	sa leçon le tronc l'arbre	avec pour de	la place mardi sa tronçonneuse

---

7 Entoure l'histoire qui va avec le dessin. ●●●●●●●●●●●●●●●●●●●●●●●●●●●

1

Arthur a une scie.
Il coupe l'arbre de
la place. Gafi est
près de lui. Il tape
aussi sur l'arbre.

2

Arthur a une hache.
Il attaque l'écorce
du gros platane.
Gafi est à côté,
il crie : « stop ! »

8 Complète avec les mots : **le /la**, **un /une** et **les /des**. ●●●●●●●●●●●●●●●

un
le ⟩ chat est sur le lit et **des** **les** ⟩ souris sont dans un trou.

⟩ voleur est dans sa cave et ⟩ fantômes sont chez lui.

⟩ bateaux sont dans le port et ⟩ barque est sur le lac.

séquence 36

1 Colorie la case à l'endroit où tu entends cha .

2 Dans chaque série, barre l'intrus.

ch	ch	ch	ch
chat	cheval	mousse	riche
moustache	clou	moucheron	chez
chasse	chou	cochon	toucher
classe	marche	bouche	clé
bûche	chuchoter	tache	arracher

3 Relie chaque mot à la valise qui contient ses lettres.

chaud   riche   vache   chocolat   cheval

4 Quand tu le peux, construis des mots.

tor ⎫
bou ⎬ chon _____
cri ⎭

cha ⎧ peau _____
     ⎨ veau _____
     ⎩ meau _____

5 Colorie pour marier les contraires.

Un matou se moque de Pacha.

Un matou dit : « Bravo Pacha ! »

Pacha tape sur un matou.

6 Ecris une phrase avec des mots choisis dans chaque sac.

Pacha	saute	sur	le chat	du matou
Arthur	se bat	avec	le nez	de Mélanie
un matou	a joué		le lit	de Pacha
			les moustaches	méchant

_____

7 Entoure l'histoire qui va avec le dessin.

1
Pacha a une petite tache blanche sur le nez. Si un autre chat se moque de lui, Pacha le tape.

2
Pacha a une petite tache blanche sous la patte. Si un autre chat se moque de lui, Pacha se sauve.

8 Complète avec : **la nuit** ou **le jour**.

Moi, je suis dans mon lit : _____ .

Moi, je suis à l'école : _____ .

Lui, il fait du vélo : _____ .

Lui, il rêve : _____ .

Qu'y a-t-il dans le panier ?

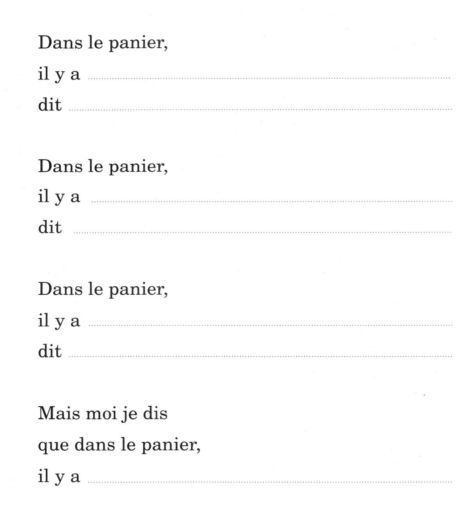

◆ Complète avec des propositions trouvées en classe.

Dans le panier,

il y a ....

dit ....

Dans le panier,

il y a ....

dit ....

Dans le panier,

il y a ....

dit ....

Mais moi je dis

que dans le panier,

il y a ....

ÉCRITURE ◆ ÉCRITURE ◆ ÉCRITURE ◆ ÉCRITURE ◆

◆ À toi d'imaginer ce que tu peux trouver dans ta trousse,
dans ton cartable ou ailleurs…

Dans ma trousse,

il y a ....

mais il n'y a pas de ....

Dommage !

Dans mon cartable,

il y a ....

mais il n'y a pas de ....

Dommage !

Dans ....

il y a ....

mais il n'y a pas de ....

Dommage !

Dans ....

il y a ....

mais il n'y a pas de ....

Dommage !

séquence 38

1 Assemble les syllabes pour retrouver le mot qui correspond au dessin.

val   che   un _____
che   ni   une _____
bi   ron   be   un _____
ta   mous   che   la _____

2 Relie chaque mot à la carte qui convient. ••••••••••••••••••

une mouche   une écharpe
la vache   ch   c   le tissu
une bosse   il tousse
un citron   ç   ss   un maçon
la leçon   un écusson

3 Place les mots dans la pyramide. ••••••••••••••••••••

moustache   cil
place   bouchon

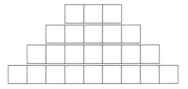

4 Voici des colliers de mots. Colorie la perle qui peut terminer le collier. •••••

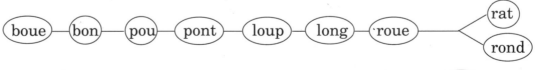
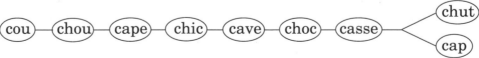

◇ *REVISION* ◇ *REVISION* ◇

5 Ces phrases sont bizarres parce qu'une lettre a été changée dans un mot.
Entoure cette lettre. Récris le mot. ••••••••••••••••••••••••••••••

Un petit bouton broute dans le pré. _____

Le savon tousse dans l'eau. _____

Au dîner, Mélanie avale sa coupe. _____

Pour aller à l'école, Rachid a mis son livre dans un lac. _____

Il y a une vache sur la nappe de la table. _____

6 Voici trois textes qui sont la suite d'histoires de ton livre. Retrouve les titres.

<table>
<tr><td align="center">1</td><td align="center">2</td><td align="center">3</td></tr>
<tr>
<td>Et Pacha est reparti vers son amie. Mais le coup de patte reçu dans les côtes lui a fait mal. Mélanie l'a mis au lit et lui a donné un bon remède.</td>
<td>Arthur rapporte sa tenue de ski à sa maman. « Oh ! tu as déchiré ta tenue de ski », dit-elle. « Ce n'est pas moi, c'est Pacha ! »</td>
<td>Les animaux ont voulu croquer mon pique-nique. Eh bien ! ils n'auront pas un morceau de nourriture. Tout est pour moi.</td>
</tr>
<tr><td>_____</td><td>_____</td><td>_____</td></tr>
<tr><td>_____</td><td></td><td></td></tr>
</table>

7 Retrouve qui parle. Ecris son nom. ••••••••••••••••••••••••••••••

« Oh ! que mon petit avion vole bien ! Il tourne et fait

des bonds ! » dit _____

« Oh ! mon nez me pique, et il est trop tard pour sortir

de la boutique… Atchoum ! » s'écrie _____

« Avec ma hache et ma scie, je coupe le gros platane

de la place », crie _____

séquence 39

1 Colorie la case à l'endroit où tu entends **lè**.

2 Relie chaque mot à sa valise et ajoute la lettre manquante.

t__te   rivi__re   él__ve   sir__ne   ch__ne

3 Quand tu le peux, construis des mots.

a — blè _____ / rête _____ / près _____

pê _____ \ vê — che _____ / bê _____

tê — tu _____ / pi _____ \ tard _____

pè _____ \ mè — re _____ / lè _____

4 Dans chaque série, barre l'intrus et complète l'étiquette.

rivière	pêche	mèche	crème
assez	tête	il lève	sorcière
mère	arrêt	vipère	chèvre
colère	passer	coulé	allée

5 Entoure le mot qui va avec le dessin.

une arête   une bête   une mèche   les lèvres
un arrêt   une tête   une mère   les élèves

6 Pourquoi ? Entoure la phrase qui explique la phrase encadrée.

| Pascale a dépassé l'auto d'Arthur. |

① Pascale a quitté la route.
② Gafi s'est accroché à l'auto d'Arthur et l'a retenue.
③ Arthur a accéléré et il est allé très vite.

7 Entoure l'histoire qui va avec le dessin.

1
Rachid a fait la course avec Arthur et Mélanie. Mais le pneu de Rachid a éclaté et Mélanie a arrêté de pédaler. Arthur est arrivé en tête.

2
Rachid a fait la course avec Arthur et Pascale. Rachid s'est arrêté et Arthur a accéléré. Il a même dépassé Pascale. Mais Gafi l'a retenu et Pascale est arrivée la première.

8 Ces phrases sont en désordre. Redonne à chacune son numéro : **1, 2, 3, 4.**

○ L'auto va vite.
○ Puis elle démarre.
① Mélanie monte dans son auto.
○ Et alors, Mélanie rattrape Arthur.

83

ai / ei

séquence 40

1 Colorie la case à l'endroit où tu entends **rè**.

2 Relie chaque mot à sa valise et ajoute la lettre manquante.

b_lai   trai_   pa_ais   ba_eine   _aire

3 En choisissant la bonne syllabe, construis des mots.

ba — la / lei — ne   se — mai / ri — ne   made — lei / lo — ne

4 Dans chaque série, barre l'intrus et complète l'étiquette.

père	mène	pleine	rêve
paire	mère	reine	sève
épais	baleine	laitue	arête
lait	élève	peine	chêne

5 Pourquoi ? Entoure la phrase qui explique la phrase encadrée. • • • • • • • • • • •

> Tout à coup, Mélanie a sursauté.

① Mélanie a vu Arthur arriver à cheval.
② Mélanie a vu Gafi qui dévorait des madeleines.
③ Le bruit fait par le monstre vert a surpris Mélanie.

6 Numérote les phrases dans l'ordre de l'histoire puis recopie-les. • • • • • • • • • • •

○ Mélanie s'est retournée.
○ La reine Mélanie se promenait dans son palais.
○ Elle a vu un horrible monstre.
○ Tout à coup, un bruit l'a fait sursauter.

_____
_____
_____
_____

7 Entoure l'histoire qui va avec le dessin. •

1
Le palais de Mélanie est beau. Les murs sont en or. Les portes sont en rubis et les lits sont en nacre.

2
Le palais de Mélanie est beau. Les murs sont en chocolat. Les portes sont en biscuit et les lits sont en sucre.

séquence 41

1 Colorie la case à l'endroit où tu entends **nè**.

2 Relie chaque mot à sa valise et ajoute la lettre manquante.

vo__et   pou__et   car__et   tabou__et   __ouquet

3 En choisissant la bonne syllabe, construis des mots.

bra — ce / te — let   tour — na / ni — quet   ro — bi / va — net

4 Complète les étiquettes dans les deux sens.

è				
et	tourniquet	criquet	baquet	piquet
	lait	balai	relais	laid
	chèvre	pèle	sève	près
	bête	tête	rêve	bêche

86

5 Pourquoi ? Entoure la phrase qui explique la phrase encadrée. • • • • • • • • • •

> Le monstre vert n'a pas croqué Mélanie.

① Le monstre n'aime que les poulets mais pas Mélanie.

② Gafi a tué le monstre avec son pistolet.

③ Mélanie a fait un cauchemar, le monstre était dans son rêve.

6 Numérote les phrases dans l'ordre de l'histoire puis recopie-les. • • • • • • • • •

◯ Mais Mélanie se cache dans une armure.

◯ Il va même dévorer la robe de Mélanie.

◯ Le monstre avale tout ce qu'il trouve.

_____

_____

_____

7 Entoure l'histoire qui va avec le dessin. •

1

Mélanie a fait un
mauvais rêve. Elle
a eu très peur. Gafi
est là, il la console.

2

Le monstre poursuit
Mélanie. Il l'attrape
et la croque comme
un petit poulet.

8 Lis ces phrases puis réponds aux questions par **oui** ou **non**. • • • • • • • • • • •

Les chats croquent les souris mais les souris ne croquent
pas les chats.
Les automobiles vont plus vite que les vélos mais les vélos vont
plus vite que les piétons.

● Les souris croquent-elles les chats ? _____

● Les vélos vont-ils plus vite que les piétons ? _____

Cette séquence renvoie aux activités proposées dans le guide pédagogique, séquence 42.

Que se passe-t-il pendant ce curieux repas ?

◆ Colle le texte rédigé avec tes camarades.

◆ ECRITURE ◆ ECRITURE ◆ ECRITURE ◆

◆ Complète le dialogue.

« .... » s'écrie le loup.
« .... », répond Nicolas.
« .... », dit Mamie.

ette elle erre

séquence 43

1 Colorie la case à l'endroit où tu entends ète.

2 Relie chaque mot à sa valise et ajoute la lettre manquante.

| pell_ | _melette | c_quette | b_ouette | r_quette |

3 En choisissant la bonne syllabe, construis des mots.

pâ — qui / que — rette   po — mi / li — tesse   mi — ra / ré — belle

4 Complète les étiquettes.

è				
elle →	belle	selle	nacelle	vaisselle
→	terre	verre	pierre	lierre
→	omelette	casquette	tartelette	cachette
→	mère	mène	crème	mètre
→	laid	vrai	baie	il sait

5 Pourquoi ? Entoure la ou les phrases qui expliquent la phrase encadrée. •••••

Mélanie et Pascale sont pressées.

① Mélanie et Pascale sont en retard pour l'école.

② Mélanie et Pascale vont au cinéma.

③ Mélanie et Pascale courent après Gafi.

6 Numérote les phrases dans l'ordre de l'histoire puis recopie-les. •••••••••

○ C'est le fantôme qui lave les assiettes.

○ Alors Gafi fait la vaisselle avec Pacha.

○ Le lave-vaisselle est en panne.

○ Et c'est le chat qui les essuie.

_____

_____

_____

_____

7 Lis le texte puis complète le dessin. ••••••••••••••••••••••••••••••

Gafi porte une
assiette et un verre.
Pacha, lui, essuie
une fourchette.
Sur la table, il reste
quatre fourchettes.

8 Complète avec : **toi**, **lui** ou **elle**. •••••••••••••••••••••••••••

Ce sont les lunettes de Pascale, c'est à _____ .

Ce sont les balles et les raquettes de Rachid, c'est à _____ .

Ce sont tes assiettes et tes verres, c'est à _____ .

er el ec
séquence 44

1 Si tu entends **èr** comme dans **merle**, entoure en **rouge** ;
èl comme dans **elle**, entoure en **bleu**.

2 Relie chaque mot à sa valise et ajoute la lettre manquante.

| ch _ r | v _ rt | h _ rbe | p _ rle | b _ rceau |

3 En choisissant la bonne syllabe, construis des mots.

co — la / lo — nel   ca — la / ra — mel   ver — mi / mo — celle

4 Complète les étiquettes.

el → tunnel	caramel	sel	appel
→ sec	bec	avec	échec
→ terme	perle	cher	merle

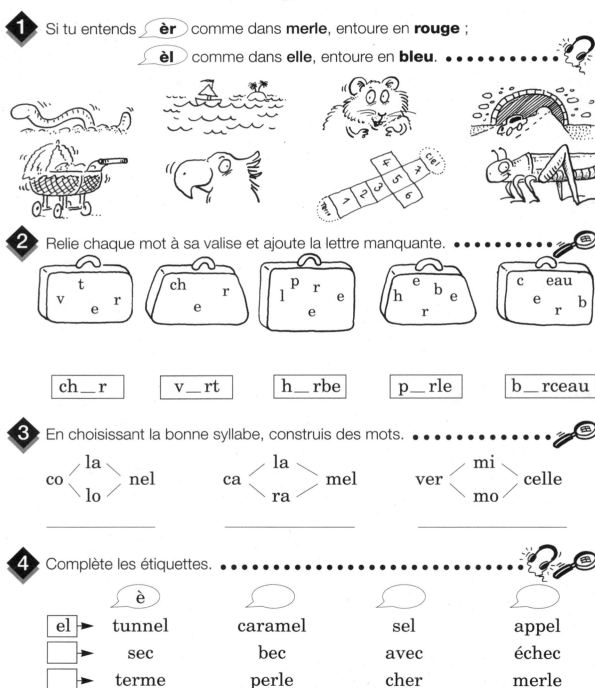

92

5 Pourquoi ? Entoure la ou les phrases qui expliquent la phrase encadrée. •••••

> Le petit merle est resté une semaine chez Rachid.

① Le petit merle avait peur du chat.

② Le petit merle avait une aile cassée.

③ Le petit merle était blessé.

6 Numérote les phrases dans l'ordre de l'histoire puis recopie-les. ••••••••••

○ Avec les morceaux, il a fait une échelle.

○ Après, il l'a apportée au petit merle qui est monté dessus.

○ Alors, il a pris des bâtons et il les a sciés.

○ Arthur a voulu s'occuper du merle.

_____

_____

_____

_____

7 Lis le texte puis complète le dessin. •••••••••••••••••••••••••••••

Sur la petite échelle,
il y a un merle. Ce merle
a le bec ouvert et ses ailes
sont repliées. Il avale
un petit ver de terre.

8 Complète selon le modèle. •••••••••••••••••••••••••••••••

> Ce tunnel est long. Tous les tunnels sont-ils longs ?

Ce livre est cher. Tous les livres sont-ils _____ ?

Ce perroquet est vert. Tous les perroquets sont-ils _____ ?

Ce caramel est mou. Tous les caramels sont-ils _____ ?

◇ REVISION  ◇ VISION ◇ REV

séquence 45

1 À partir des lettres de chaque valise, retrouve les mots. Ecris-les.

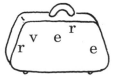   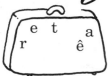

_____   _____   _____   _____

2 Complète avec : **quet**, **net**, **ette**.

un perro____   une chou____   un car____   un robi____

3 On a ajouté une syllabe pirate à chaque mot. Supprime-la et récris le mot.

bre**ca**telle _____   poulet**to** _____
lumanette   _____   voletti   _____
colessive   _____   piskètolet _____

4 Voici des définitions pour t'aider à remplir la grille de mots croisés.

1. On la fume.
2. Dans le pré.
3. L'oiseau en a un.
4. Elle picore.
5. Dans l'arbre.

5 Mets une croix dans les cases pour répondre. ••••••••••••••••••

	c'est vrai	ce n'est pas vrai	je ne sais pas
Avec une raquette, on tape sur une balle.	☐	☐	☐
Tous les papas ont des lunettes.	☐	☐	☐
Un poulet rôti, c'est très bon.	☐	☐	☐
Les baleines, ça vit dans la mer.	☐	☐	☐
Un hélicoptère vole avec l'hélice en bas.	☐	☐	☐

 6 Trouve l'histoire à laquelle se rapportent ces textes. ••••••••••••••••

1

J'ai vu une course d'autos. Une auto s'est arrêtée assez vite. Une autre a accéléré mais elle a été stoppée. Elle n'est pas arrivée en tête.

_____

2

La reine avait une robe en sucre avec un col en barbe à papa. Je l'ai attaquée et j'ai croqué ses habits.

_____

3

Un chat et un fantôme lavent et essuient la vaisselle. Ils s'appliquent et ne cassent pas les assiettes.

_____

 7 Lis le texte, trouve les erreurs dans le dessin. ••••••••••••••••••••

Rachid s'occupe du petit merle. Il met un bâton sur son aile. Il a aussi préparé une assiette de vers. Arthur, à côté, construit une échelle.

95

TABLE DES MATIÈRES

N° séquence	Des histoires	Sons et graphies	Pages
	Activités de structuration		4
1	Gafi	la	6
2	Gafi et Mélanie	la, le	8
3	Le fantôme et la chipie	a	10
4	Dans le lit	li, il	12
5	À l'école	i, y	14
6	Où est Gafi ?	l	16
7	**Révision 1 :** Gafi lave		18
8	La tortue perdue	u	20
9	Arthur le gros dur	r	22
10	Gafi pompe !	p	24
11	Le robot de Pascale	o	26
12	La tarte à la patate	t	28
13	Arthur est pris	pr, tr	30
14	**Révision 2 :** Le robot va à Paris		32
15	La peluche de Mélanie	e	34
16	Atchoum !	m	36
17	Qui a peur du loup ?	ou	38
18	*Ecriture :* Où est le chat ?		40
19	Le barrage	b	42
20	La télé d'Arthur	é	44
21	Le boucher	er, ez	46
22	**Révision 3 :** Le motard		48
23	L'arbitre	br, pr / bl, pl	50
24	Au bord du lac	c	52
25	Le karatéka	k, qu	54
26	Un clown à l'école	cr/ cl	56
27	Le taureau	au, eau	58
28	Le vélo volé	v	60
29	*Ecriture :* mots images		62
30	**Révision 4 :** Les cow-boys		64
31	Gafi éternue	n	66
32	La vallée des polissons	on, om	68
33	L'avion de Pascale	on, onne	70
34	La tenue de ski d'Arthur	s	72
35	On scie le platane !	c, ç	74
36	Un match de boxe	ch	76
37	*Ecriture :* Qu'y a-t-il dans le panier ?		78
38	**Révision 5 :** Le concours de pêche		80
39	Prêts ? partez !	è, ê	82
40	Le rêve de Mélanie (1)	ai, ei	84
41	Le rêve de Mélanie (2)	et	86
42	*Ecriture :* un curieux repas		88
43	La vaisselle	ette, elle, erre	90
44	Le merle blessé	er, el ,ec	92
45	**Révision 6 :** La sorcière		94

N° d'éditeur : 10258732 – septembre 2019
Achevé sur les presses de «La Tipografica Varese Srl» Varese - Italie